PARENT-PHARE

Guide des Parents pour accompagner la construction de la confiance de votre enfant

En complément de “guide de confiance”
que vous pouvez retrouvez
ici

Devenez le point d'ancrage discret mais essentiel de votre préadolescent

Charlaine Matwill

SOMMAIRE

Guide des Parents : Accompagner avec Bienveillance

Être un phare dans la tempête

Chers parents, mais aussi éducateurs, tuteurs, adultes référents, grands-parents...

Afin de ne pas alourdir votre lecture, je continuerai à m'adresser aux parents, mais sachez que toute personne susceptible d'accompagner un préadolescent peut facilement adopter la posture du Phare!

Imaginez un instant que la préadolescence soit comme une traversée en mer. Votre enfant est le capitaine de son propre navire, découvrant pour la première fois la navigation en solitaire. Vous n'êtes plus aux commandes - et c'est normal -, c'est même souhaitable. *Mais vous êtes le phare,* ***cette lumière rassurante qui guide*** *sans diriger,* ***qui éclaire*** *sans imposer la route.*

Redéfinir Notre Rôle

De Capitaine à Phare : Une Transition Nécessaire

La plus grande difficulté pour nous, parents, est souvent d'accepter ce changement de rôle. Nous passons du statut de protecteur omniscient à celui de guide bienveillant. Cette transition peut générer de l'anxiété, mais rappelez-vous : un phare ne court pas après les bateaux, il brille simplement, constant et fiable.

Les Clés d'un Accompagnement Réussi :

L'Art de l'Écoute Active:

- Être présent sans être envahissant
- Écouter plus que parler
- Valoriser l'autonomie tout en restant disponible
- Accepter que votre enfant fasse ses propres expériences

En pratique:

Pour être présent sans être envahissant :

- Restez dans la même pièce en faisant une activité parallèle
- Montrez votre disponibilité par des regards bienveillants
- Laissez l'enfant venir à vous

Pour écouter plus que parler :

- Utilisez des petits sons d'encouragement ("hmm", "oui")
- Attendez 3 secondes après que l'enfant ait fini avant de répondre

Reformulez ce qu'il dit pour confirmer votre compréhension

Créer un Espace de Parole Sécurisant

Votre enfant traversera des moments d'intense questionnement. Il ne cherche pas toujours des réponses, mais plutôt une oreille attentive. Quelques principes simples :

- Évitez les “quand j'avais ton âge...”
- Privilégiez les questions ouvertes
- Acceptez les silences
- Validez les émotions sans les juger

En pratique:

Pour éviter les "quand j'avais ton âge" :

Remplacez par “Je comprends ce que tu ressens”
Concentrez-vous sur son vécu présent
Validez que chaque expérience est unique

Pour les questions ouvertes :

- “Qu'est-ce que tu en penses ?”
- “Comment tu te sens par rapport à ça ?”
- “Raconte-moi ce qui s'est passé”

Accepter les silences :

Le silence n'est pas un vide à combler, mais un espace où les pensées prennent racine. Quand votre enfant se tait, il n'est pas en train de vous exclure - il tisse les fils de ses pensées, digère ses émotions. Restez là, simplement présent, comme un phare dans la nuit qui ne force pas le bateau à rentrer au port.

Valider les émotions sans juger :

La Technique du Miroir Émotionnel

Lorsque votre enfant partage une difficulté, reflétez ses émotions : "Tu sembles vraiment contrarié par cette situation" plutôt que "Ce n'est pas si grave". Cette validation est cruciale pour son développement émotionnel.

En pratique:

Votre enfant rentre de l'école, claque la porte et jette son sac.
Il est furieux parce qu'un ami ne l'a pas invité à son anniversaire.

Approche qui juge :

"Ce n'est pas si grave, tu ne vas pas faire toute une histoire pour une fête d'anniversaire. Arrête de réagir comme ça !"

Approche qui valide :

"Je te vois tellement déçu et en colère. C'est dur de se sentir mis de côté (validation). Tu sais, quand moi je me sens comme ça, mon cœur devient tout serré (normalisation). Est-ce que c'est un peu comme ça que tu te sens ? (invitation au dialogue)"

Ce qui se passe dans la tête de l'enfant :

- Avec le jugement : “Mes parents ne comprennent pas, je suis nul de ressentir ça”
- Avec la validation : “Ce que je ressens est normal, je peux en parler sans honte”

L'enfant apprend ainsi que :

- Ses émotions sont des informations précieuses sur ses besoins
- Il peut les exprimer sans être rejeté
- Même les émotions difficiles peuvent être accueillies avec bienveillance

C'est comme tendre un miroir qui reflète “Je te vois, je t'entends, tu as le droit d'être qui tu es, avec tout ce que tu ressens.”

Gérer nos Propres Émotions

L'Exemple Silencieux

Nos enfants apprennent plus de ce que nous faisons que de ce que nous disons. Montrer comment nous gérons nos propres émotions est un enseignement puissant :

- Reconnaître ouvertement nos erreurs
- Verbaliser nos processus de réflexion
- Partager (avec mesure) nos propres défis

En pratique:

Vous renversez accidentellement du café devant votre enfant. Au lieu de vous énerver :
“Arg, j'ai fait une bêtise! Je me sens un peu maladroit et agacé (reconnaissance de l'émotion). Bon, respirons un coup (gestion), allons chercher de quoi nettoyer (solution)."
Votre enfant apprend ainsi que :
Les erreurs sont normales
On peut rester calme face aux contrariétés
Les solutions sont plus importantes que les reproches

Le Droit à l'Imperfection

Acceptez vos moments d'impatience ou d'incompréhension. L'important n'est pas d'être parfait, mais d'être authentique dans notre démarche d'amélioration.

En pratique:

Il arrive qu’on s’agace et qu’on élève la voix injustement. Lorsque notre émotion est retombée, plutôt que de nourrir de la culpabilité, il important d'exprimer votre ressenti et observation de la situation:

- "Tu sais, quand je me suis énervé(e) tout à l'heure, ce n'était pas juste. J'étais fatigué(e) et stressé(e), mais ce n'était pas une raison pour crier. Je m'excuse et je vais essayer de faire mieux la prochaine fois."
- L'enfant comprend que :
- Même les parents font des erreurs
- S'excuser n'est pas un signe de faiblesse
- On peut toujours s'améliorer

Les Moments de Crise

Distinguer l'Urgence de l'Important

Tous les drames de la préadolescence ne nécessitent pas une intervention immédiate. Apprenez à :
- Évaluer la gravité réelle de la situation
- Donner du temps à l'émotion pour s'apaiser
-Identifier les moments qui nécessitent vraiment votre intervention

La méthode des trois R : Respirer, Réfléchir, Répondre

Face à une situation tendue :
1. Prenez le temps de **R**espirer
2. **R**éfléchissez à l'émotion sous-jacente
3. **R**épondez à l'émotion avant de répondre à la situation

Cultiver la Résilience

L'Art de Laisser Échouer

L'échec est un professeur précieux. Votre rôle n'est pas d'éviter les échecs à votre enfant, mais de :
- L'aider à en tirer des leçons
- Valoriser ses efforts plutôt que ses résultats
- L'encourager à réessayer

En pratique:

Votre enfant n'a pas révisé et a une mauvaise note :
“Je vois que tu es déçu. Au lieu de te dire 'je te l'avais dit', parlons plutôt de ce que cette expérience t'apprend. Qu'est-ce que tu pourrais faire différemment la prochaine fois ? Je suis là pour t'aider à trouver des solutions.”

Message transmis :

- L'échec n'est pas une fin mais un début
- Les erreurs sont des opportunités d'apprentissage
- L'action compte plus que le résultat

Le Soutien Stratégique

Soyez présent comme un filet de sécurité :
- Suffisamment proche pour rassurer
- Suffisamment loin pour permettre l'apprentissage
- Toujours disponible en cas de besoin réel

En pratique:

Votre enfant essaie de faire ses lacets :
Ne pas intervenir immédiatement, et:
-L'encourager : “Je vois que tu essaies fort”

-Attendre qu'il demande de l'aide
-Guider sans faire à sa place : “Regarde, si tu tires ce bout...”
L'enfant apprend :
La persévérance
L'autonomie
Que demander de l'aide est normal et accepté
Dans chaque situation, l'enfant n'apprend pas seulement la leçon immédiate, mais aussi des compétences émotionnelles durables pour la vie.

Les Rituels de Connexion

Créer des Moments Privilégiés

Établissez des rituels qui permettent une connexion naturelle :
- Une promenade hebdomadaire
- Un moment de lecture partagée
- Un petit-déjeuner en tête-à-tête

L'Importance de la Régularité

Ces moments deviennent des ancres émotionnelles, des espaces sûrs où la communication peut s'épanouir naturellement.

Être un Guide Digital

Le monde numérique fait partie intégrante de leur réalité. Notre rôle est de :
- Comprendre sans juger
- Établir des limites saines
- Enseigner l'esprit critique
- Rester informé des évolutions

En pratique:

Votre préadolescent passe beaucoup de temps sur TikTok, que ce soit sur votre téléphone, une tablette ou son propre smartphone. Il est malheureusement difficile de faire marche arrière sur l'obtention du droit numérique que l'on a insidieusement autorisé sans se rendre compte de son impact et de sa place dans leur vie aujourd'hui. Essayons donc d'être constructifs et de limiter les dégâts. L'auto-flagellation n'a jamais fonctionné ! Donc, au lieu de critiquer :
"Montre-moi ce qui te plaît dans cette appli ? (compréhension) J'aimerais qu'on établisse ensemble des moments pour ça (limites saines). Parlons de comment vérifier si une info est vraie (esprit critique)."
Résultat :
Votre enfant se sent compris plutôt que jugé. Avouez que l'attrait de cette fenêtre lumineuse et omnisciente n'est pas simple à réguler! Alors imaginez chez nos enfants curieux de tout et vulnérables aux stimulations intellectuelles chargées en dopamine. Du coup, en avançant ainsi, le dialogue reste ouvert sur les usages numériques. Ce qui lui permettra de développer un regard critique tout en gardant son autonomie.

La Gestion des Conflits

L'Approche Collaborative

Les conflits sont inévitables et même nécessaires. L'important est de :
- Maintenir le dialogue
- Chercher des solutions ensemble
- Établir des règles claires et cohérentes
- Rester flexible dans leur application

En pratique:

Prenons l'exemple d'un conflit sur l'heure du couché. Plutôt que d'imposer (et oui, votre enfant grandit et votre casquette de capitaine doit progressivement rester en cabine!) :
"Je comprends que tu veuilles rester debout plus tard. Proposons chacun nos arguments et trouvons un compromis qui marche pour tous les deux. Par exemple, plus tard le weekend ?"
Impact :
L'enfant apprend à négocier respectueusement.
Les règles ont du sens car elles sont co-construites .
Si l'on souhaite que nos enfants sachent naviguer dans la société plus tard, il est important d'aiguiser leurs "armes" de défense pour préserver leur liberté, reconnaître leurs besoins, tout en évitant la soumission due à un manque de confiance ou, au contraire, l'autoritarisme par besoin de s'imposer. La flexibilité renforce le respect mutuel. Cela est abordé par nombreux psychologues, neurologues (J. Piaget, D.J.Siegel, A. Khon pour n'en citer que quelques un) et reste une base pour un confiance solide!

Soutenir l'Autonomie

L'Art du Lâcher-Prise Progressif

Accordez des libertés graduelles :
- Commencez par des domaines à faible risque
- Augmentez progressivement la responsabilité
- Célébrez les succès d'indépendance

En pratique:

Tu veux aller seul chez ton ami ? D'accord, commençons par un court trajet en journée. Pourquoi pas aller chercher le pain si votre boulangerie est à proximité. On évalue ensemble comment ça s'est passé avant d'étendre cette liberté."

Apprentissage :
L'enfant gagne en confiance progressivement.
A cet instant, vous apprenez à faire confiance à votre enfant. L'autonomie devient alors une aventure partagée dans un cadre sécurisant et évolutif.

Construire la Confiance

Le Pouvoir de la Reconnaissance

Votre regard compte énormément :
- Soulignez les efforts plus que les résultats
- Reconnaissez les petits progrès
- Exprimez votre confiance en leurs capacités

En pratique:

Au lieu de "Bravo pour ta note", vous pourriez peut-être dire : "J'ai remarqué comment tu as organisé ton temps de révision cette fois-ci. Cette méthode semble vraiment t'aider. Qu'en penses-tu ?"
Effet :
Cela permet à votre enfant d'identifier ses stratégies gagnantes. Dans "guide de confiance", il y a un espace victoires qui permet justement de répertorier sa boîte à outils gagnants ! En agissant ainsi, l'estime de soi se construit sur des bases solides et sa motivation devient intrinsèque.

La Communication Non-Verbale

Le Langage du Corps

Soyez attentif à :
- Votre posture
- Vos expressions faciales
- La distance physique que vous maintenez
- Les moments où un câlin vaut mieux que des mots

En pratique:

Dans la vie de tous les jours, vous ne prêtez pas toujours attention à ce que raconte votre corps mais vous n'êtes pas sans savoir qu'il valide et infirme ce que vous exprimer verbalement. Regardez, quand votre enfant tente un mensonge, il y a un petit quelque chose qui vous met la puce à l'oreille! Cela peut être un rictus discret, un clignement des paupières plus lent ou exagéré (je parle d'expérience !). Il est presque impossible de rester naturel tout en faisant attention à chaque micromouvement qui pourraient trahir notre émotion, nos pensées... Et le but n'est pas là car l'authenticité et le naturel reste notre plus bel atout dans l'accompagnement de notre enfant. Mais certains principes peuvent clairement nous aider à engager une confiance et un respect compris inconsciement par notre enfant qui l'aidera à se confier plus naturellement, à saisir cet espace pour s'y déposer.

La posture :

- Mettez-vous à sa hauteur quand il parle
- Gardez les bras ouverts, évitez de les croiser
- Orientez votre corps vers lui

Les expressions :

- Maintenez un visage détendu
- Souriez quand approprié
- Évitez les froncements de sourcils lors des confidences

Des actions basiques qui ont un grand impact sur la confiance que votre enfant vous portera.

Les Moments Difficiles

Quand Chercher de l'Aide

Reconnaissez les signes qui nécessitent un soutien professionnel :
- Changements de comportement durables
- Isolement prolongé
- Difficultés scolaires persistantes
- Changements d'humeur extrêmes

En pratique:

Votre enfant, d'habitude sociable, refuse les sorties depuis un mois et ses notes chutent.
vous pouvez tenter l'approche suivante:
"J'ai remarqué des changements qui m'inquiètent. Si tu ne veux pas m'en parler, peut-être aimerais-tu discuter avec quelqu'un d'autre ? Un professionnel pourrait nous aider à mieux comprendre ce qui se passe."
Tel un phare continué d'être présent et d'offrir un espace sécurisé et tachez de:
Ne pas dramatiser mais ne pas minimiser.
Proposer l'aide sans l'imposer.
Normaliser le recours aux professionnels.

Cette approche construit une relation de confiance où votre préado se sent soutenu tout en développant son autonomie.

le parent suffisamment bon

Être soi-même en gardant à l'esprit que nous sommes un exemple pour notre enfant. Un magnifique challenge pour changer en nous ce que nous souhaitons voir grandir en eux. Nos enfants nous font grandir, nous poussent à nous améliorer et à nous adapter. Quelle joie de voir notre rôle si important tout en étant en second plan. Nourrissez la joie, acceptez de vous tromper, rigolez-en ensemble, banalisez l'échec. Prenez soin de vos pensées, de votre posture, de votre lumière.

Donald Winnicott parlait du “parent suffisamment bon”, celui qui n'est pas parfait mais qui fait de son mieux avec **conscience** et **amour**. C'est exactement ce dont votre préadolescent a besoin : **non pas un parent parfait, mais un parent présent, authentique et bienveillant.**

La confiance en soi: vue par la science et les professionnels

Comprendre pour accompagner

La période de la préadolescence, généralement située entre 9 et 12 ans, représente un moment crucial dans le développement de l'identité. Erik Erikson, dans sa théorie du développement psychosocial, identifie cette période comme celle où se joue le conflit entre "travail vs infériorité". C'est précisément à ce moment que se construit durablement l'estime de soi.

Les Fondements de la Confiance en Soi

La confiance en soi n'est pas innée, elle se construit. Selon Albert Bandura, pionnier de la théorie de l'auto-efficacité, quatre sources principales alimentent cette construction :

1. Les expériences de maîtrise
2. L'apprentissage vicariant (par l'observation)
3. La persuasion verbale
4. Les états physiologiques et émotionnels

Pour un préadolescent, ces éléments prennent une importance particulière car son cerveau traverse une période de plasticité intense. Les neurosciences nous apprennent que c'est un moment optimal pour ancrer des schémas de pensée positifs.

L'Impact du Regard Social

À cet âge, le regard des pairs devient essentiel voire l'unique source d'inspiration. Les travaux de Susan Harter démontrent que l'estime de soi des préadolescents est fortement corrélée à deux facteurs :
- La perception de leurs compétences dans des domaines qu'ils jugent importants
- Le soutien social perçu

C'est pourquoi j'ai souhaité que ce guide mette l'accent sur la validation externe tout en développant l'auto validation, créant ainsi un équilibre crucial pour une confiance en soi stable.

Le Rôle des Émotions

Daniel Goleman souligne l'importance de **l'intelligence émotionnelle** dans le développement personnel. À la préadolescence, le système limbique (siège des émotions) est particulièrement actif, alors que le cortex préfrontal (contrôle des impulsions) est encore en développement. Cette compréhension nous guide dans l'élaboration d'outils adaptés :

- Reconnaissance des émotions
- Techniques de régulation émotionnelle
- Développement de la résilience

L'Importance du Corps en Mutation

La conscience corporelle joue un rôle fondamental dans la construction de l'estime de soi. Les travaux de Paul Schilder sur l'image corporelle montrent que la perception de son corps influence directement la confiance en soi. Mon approche à travers le guide confiance intègre donc :

- L'acceptation des changements corporels
- L'importance du mouvement et de l'activité physique
- Les techniques d'ancrage corporel

La Force des Rituels

Les rituels, selon les recherches en psychologie positive de Martin Seligman, créent des points d'ancrage essentiels. Pour les préadolescents, ils offrent :

- Une structure sécurisante
- Des moments de célébration
- Des outils de transformation personnelle

À travers les défis quotidiens, je m' appuie sur la puissance du rituel. Votre rôle est d'encourager l'utilisation quotidienne de son livre et agenda afin de structurer son environnement et sa réflexion.

Le Pouvoir de la Visualisation

Les travaux en neurosciences démontrent que le cerveau ne fait pas toujours la différence entre une expérience vécue et une expérience intensément imaginée. Maxwell Maltz, dans sa Psycho-Cybernétique, souligne l'importance de l'imagination dans la construction de soi. Plusieurs items du guide y sont reliés.

L'Apprentissage Social

Selon la théorie de l'apprentissage social de Bandura, les enfants apprennent largement par observation et imitation. Dans ce guide j'ai souhaité exploiter ce principe en :
- Encourageant les interactions positives.
- Créant des occasions d'apprentissage social.
- Facilitant le partage d'expériences.

Le Développement des Compétences

Carol Dweck, avec sa théorie de l'état d'esprit de développement, nous rappelle l'importance de valoriser l'effort plutôt que le

résultat. Le guide de confiance intègre :
- La célébration des progrès.
- La normalisation de l'erreur.
- Le développement de la persévérance.

L'Importance du Jeu

Donald Winnicott souligne le rôle crucial du jeu dans le développement psychologique. Voici pourquoi j'ai souhaité ce guide illustré et en couleur pour maintenir une approche ludique et motivationnelle car :
- Le jeu réduit la pression de performance.
- Il facilite l'expérimentation.
- Il permet l'expression créative.

La Place des Parents

John Bowlby, dans sa théorie de l'attachement, souligne l'importance continue des figures parentales. C'est pourquoi vous tenez ce livre! Un Guide pour le guide. Pour vous inspirer et vous encourager à jouer votre rôle de:
- Facilitateurs plutôt que directeurs.
- Modèles positifs.
- Sources de soutien émotionnel.

Une carte pour un beau voyage :

La construction de la confiance en soi à la préadolescence est un processus complexe qui nécessite une approche holistique. Le "Guide confiance en soi" s'appuie sur des fondements scientifiques solides tout en restant accessible et pratique. En combinant psychologie positive, neurosciences et expérience terrain, il devient un outil complet pour accompagner cette transformation cruciale.
La confiance en soi n'est pas une destination mais un voyage.

Mon rôle est de fournir la carte et les outils nécessaires pour que chaque préadolescent puisse tracer son propre chemin vers l'épanouissement. Et quel bonheur de les voir s'épanouir, grandir et déployer leurs ailes pour, un jour, s'envoler déterminés et prêts à naviguer seuls.

Et vous dans tous ça?

Votre rôle est essentiel mais subtil : vous êtes le parent-phare... qui guide sans toucher le gouvernail, vous êtes là pour soutenir sans contraindre, encourager sans pousser, et être présent sans envahir. Votre objectif est de briller, de rayonner ! La posture du phare intègre pleinement la notion de sécurité. Lorsque j'émets l'idée de ne contraindre, cela ne veut pas dire que vous ne balisez pas le parcours de votre préado. C'est l'inverse du laxisme ; vous construisez un cadre de sécurité tout en laissant suffisamment d'espace pour que votre enfant puisse réaliser les expériences nécessaires à son épanouissement.

Prenez l'exemple d'un enfant qui apprend à nager : vous n'avez probablement pas lâché votre enfant de 5 ans dans le grand bassin de 50 mètres sans avoir préalablement passé par les étapes de la pataugeoire, du petit bassin équipé de bouées, et des plongeons progressifs. **De la même manière, la confiance en soi de votre préado se construit progressivement.** Vous devez établir des zones de navigation sécurisées, qui s'élargissent avec l'âge, les expériences et les compétences acquises. Chaque petite victoire, chaque apprentissage quotidien, contribue à forger son assurance.

"Guide de confiance en soi" est votre allié dans cette belle aventure. À vous de transmettre à votre préado l'envie de réveiller le héros qui sommeille en lui et de le motiver à l'incarner !

Guide de confiance: mode d'emploi

Un guide pensé pour vous aider

En tant que thérapeute spécialisée en hypnose et EMDR, mais surtout en tant que maman de trois enfants aux parcours très différents, je sais combien la préadolescence peut être un défi. J'ai vécu les inquiétudes, les questionnements, et les moments de doute que vous traversez peut-être actuellement. Ce guide est né de mes expériences professionnelles, enrichies par mon vécu personnel avec mes enfants (TDAH, Multidys, hypersensibilité...) : Les défis d'une vie! Ce qui m'a tant appris sur la persévérance et l'adaptation et la posture du Phare!

Pourquoi à cet âge?

La préadolescence est une période de transformation intense. Votre enfant n'est plus tout à fait un enfant, mais pas encore un adolescent. C'est précisément à ce moment charnière que nous pouvons poser les bases d'une confiance en soi solide et durable.

Ce guide n'est pas un simple livre à lire : c'est un outil vivant de transformation. Sa particularité ? Il se construit et évolue avec votre enfant.

Chaque activité peut être un défi à relever dans son "agenda des défis". Parfois certains préadolescents ont besoin d'un cadre pour se lancer dans l'aventure. Comme dit précédemment, une sorte de rituel pour s'engager. Alors à vous de les motiver avec bienveillance. Rassurez-vous, leur autonomie va se développer.

Mode d'emploi du guide: comprendre le sens des activités proposées

<u>découper, transformer !</u>

La première étape peut vous sembler surprenante : votre enfant va découper et réorganiser ce guide. Cette action n'est pas anodine. En transformant physiquement son guide, il s'engage symboliquement dans sa propre transformation. C'est le premier pas vers l'appropriation de son développement personnel. Si cela s'avère un peu fastidieux ou difficile selon son profil, vous avez bien entendu la possibilité de l'aider. Vous pouvez lui proposer votre aide mais ne lui faîte pas tout non plus! Cela peut-être une première activité partagée afin de découvrir son livre et d'en discuter avec vous.

<u>Thème 1 : Je me découvre</u>

Objectif : Construction de l'identité positive

1. Mon portrait en images
- Collage de photos personnelles
- Importance : Acceptation de soi et ancrage identitaire
- <u>Conseil aux parents</u> : Vous pouvez participer si l'enfant est désireux en partageant vos photos préférées de lui/elle

2. Mes super-pouvoirs
- Listing des talents et compétences
- "Chacun de nous a un talent unique qui n'attend qu'à être découvert"
- Exercice pratique que vous pourriez faire avec votre enfant : "<u>L'étoile des talents"</u> (**activité Bonus** voir annexe)

3. Le miroir des autres

- Collecte de 5 mots positifs auprès de l'entourage
- Impact psychologique : Confrontation entre auto-perception et regard extérieur
- **Activité bonus** : "L'arbre des qualités" où chaque feuille représente un témoignage (voir en annexe)

4. Mes passions et plaisirs

- Section goûts personnels (couleurs, musiques, activités)
- **activité bonus:** "La roue des saveurs" : partage culinaire avec la famille (en annexe)
- Projet possible : Organiser une dégustation pour ses proches

5. Mes amis, mon trésor

- Album des amitiés
- activité possible proposer un calendrier d'attention : planifier de petites surprises **activité bonus** en annexe
- Guide pratique : "Comment être un bon ami"

6. Mes activités préférées

- En proposition: activités des amis à essayer .
- Challenge mensuel possible: tester une nouvelle activité
- Un journal des impressions peut-être tenu

7. Ce que je veux transformer

- Distinction entre "ce que je subis" et "ce que je peux changer"
- Tableau des émotions : tristesse, joie, colère, peur
- Plan d'action personnalisé dans l'agenda de défis. Vous pouvez l'aider à trouver ses petits pas.

8. Mon journal émotionnel à compléter dans l'agenda des défi thème 6

- Techniques (en annexe) vous trouverez un récapitulatif des différentes techniques de gestion émotionnelle adaptées aux préados.

Thème 2 : Mes expériences positives

Objectif : Prendre conscience des victoires

1. Mon histoire spéciale
- Espace narratif pour un souvenir marquant
- Questions guidées pour approfondir l'expérience
- Illustration ou collage représentatif -

2. Les petits bonheurs
- Journal des moments joyeux
- Liste des activités qui rendent heureux qui permettent de prendre conscience que les petits bonheurs remplissent notre réservoir de joie et d'énergie.

3. Mes rêves les plus fous
- commence à aborder l'imagination et la projection de votre enfant.
-**activité bonus**: "La boîte à rêves" : objectifs à court et long terme (explications en annexe)
- j'ai vraiment hâte permet de déposer l'impatience d'un événement. Le déposer ici permet à votre enfant de se "permettre" de vivre l'instant présent.

4. Mon futur lumineux
- "Quand je serai grand" est spécialement là pour se projeter dans une activité. Dans l'action, dans l'être avant l'avoir, la possession.
- Projection à 10 ans est une suite logique pour imaginer ce qui entoure l'être mais dans une chronologie imposée. 10 ans c'est loin sans être de l'âge de nos parents avec toutes leurs responsabilités. Cette visualisation laisse la liberté d'évoluer encore, de ne pas être obligé de rentrer dans une case.
- **Activité bonus** pour aider : "Une journée dans ma vie future" Sans chronologie imposée. (voir annexe)

5. Mes personnes précieuses

- Album de gratitudes spécialement dirigées vers les personnes: Messages de remerciement avec des petits mots express (thème 7) : l'importance de la relation à l'autre, du remerciement et de la gratitude. Votre enfant se rend compte qu'il n'est pas seul, qu'il compte pour d'autres personnes et qu'il peut demander de l'aide si besoin.
- **activité bonus**: Calendrier des moments partagés

6. Mes victoires de l'année

- Journal des moments joyeux
- Célébration des réussites Voir en annexe les bienfaits

Thème 3 : Transformer mes défis

Objectif : développer la résilience

1. Histoires de résilience
- Récit d'un moment difficile surmonté
- Analyse des solutions trouvées qui enrichissent sa boîte à outils personnalisée et validation de la réussite après la difficulté.

2. Mes relations avec les autres
- Guide des bonnes relations
- Questions essentielles :
  "Ai-je dit ce que j'avais à dire ?"
  "Ai-je fait ce que j'avais à faire ?"
- Exercices d'empathie et d'écoute

3. Journal des apprentissages émotionnels
- Fiches de réflexion sur les chagrins
- Plans d'action pour le changement
- Espace de résolution créative

Je comprends à quel point il peut être difficile de voir votre préado traverser des moments de doute ou de confusion. Ces trois activités sont là pour l'aider à se sentir plus fort et plus confiant face aux défis de la vie.

1. Histoires de Résilience

Cette activité permet à votre enfant de réfléchir sur des moments difficiles qu'il a déjà surmontés. C'est un peu comme lui dire : "Regarde tout ce que tu as déjà accompli !" En partageant un récit de ses défis, il comprend que la résilience est une compétence qu'il peut développer. Cela l'encourage à voir les obstacles non pas comme des échecs, mais comme des occasions d'apprendre et de grandir. En créant cette boîte à outils avec des stratégies qui ont fonctionné pour lui, il se sentira mieux préparé pour affronter les prochaines tempêtes.

2. Mes Relations avec les Autres

Les relations peuvent parfois être compliquées ? Qui n'est pas passé par là? Cette activité aide votre préado à naviguer dans ces eaux parfois troubles. En réfléchissant à ses interactions, il peut identifier ce qui fonctionne bien et ce qui pourrait être amélioré. Les questions essentielles, comme "Ai-je dit ce que j'avais à dire ?", l'encouragent à s'exprimer et à être honnête avec lui-même et avec les autres. Les exercices d'empathie et d'écoute lui permettront de se connecter plus profondément avec ses amis et sa famille, renforçant ainsi des liens précieux.

3. Journal des Apprentissages Émotionnels

Ce journal est un véritable ami pour votre préado. Il lui offre un espace sûr pour explorer ses émotions. En réfléchissant à ses chagrins, il apprend à nommer ce qu'il ressent, ce qui est essentiel pour son bien-être émotionnel. Avec des plans d'action à portée de main, il se sentira plus autonome et capable de faire face à ses défis. Cet espace de résolution créative lui permet également d'expérimenter des solutions nouvelles et de développer sa pensée critique.

Ensemble, ces activités forment une approche intégrée qui aide votre préado à se construire une boîte à outils émotionnelle solide. Elles favorisent la résilience, l'intelligence émotionnelle et les compétences relationnelles, des atouts essentiels pour naviguer dans les hauts et les bas de la vie.

Votre implication dans ces démarches est précieuse. Elle montre à votre enfant qu'il n'est pas seul dans son cheminement. Cela renforce sa confiance en lui et lui donne les outils nécessaires pour gérer ses émotions et ses relations de manière saine. Vous êtes là pour l'accompagner, et c'est un cadeau inestimable. Envisager des solutions pour changer le cours de l'histoire vécue si il vous le demande renforcera sa boite à outil et sa confiance en lui et en vous.

Thème 4 : Apprivoiser mes peurs

Objectif : Se sécuriser

1. Comprendre mes peurs
- Différencier les "tigres de papier" des vrais dangers
- Explication du fonctionnement du cerveau

2. Mon rituel anti-peur
- Création d'un personnage représentant la peur
- Formule magique personnalisée
- Exercices physiques d'ancrage (voir **annexe** pour explication du rituel)

IMPORTANT

3. Ma boîte à courage

Activité bonus à mettre en place avec votre pré-ado
- Collection d'objets rassurants
- Mantras personnalisés
- Fiches de victoires sur les peurs. Encourager votre enfant à aller inscrire sa victoire dans son chapitre 5. Une ressource inestimable pour reprendre confiance!

Thème 5: mes victoires

Objectif : Se souvenir, s'y référer, se voir progresser

1. fiche d'identité et rituel associé

- Photos et descriptions
- Sensations physiques associées
- Point d'ancrage positif

2. Rituels de célébration

- Exercices de respiration positive : pour se reconnecter à des émotions positives.
- Déclarations de puissance: pour renforcer sa confiance et son affirmation de soi.
- Empreinte de victoire :Créer un symbole de ses succès et un point d'ancrage rend chaque victoire mémorable et valorisante.

Ces pratiques aident votre préado à célébrer ses progrès et à cultiver une mentalité positive. Votre soutien dans cette démarche lui montre qu'il est aimé et que ses efforts comptent.

Thème 6: Mon agenda défi

Objectif : Se souvenir, s'y référer, se voir progresser

1. Vision Board voir annexe pour les explications

- Objectifs mensuels
- Plan d'action hebdomadaire
- Suivi des progrès

2. 1 mois de défis (12* 4semaines pour "je suis unique")

- 1 pages pour les défis en début de mois
- 4 pages par semaine pour:
  - Valider la réussite
  - Espace quotidien pour l'humeur, impression et suivi
  - Notes supplémentaires pour laisser l'espace à l'expression libre si besoin
  - un espace pour coller ses souvenirs, photo, ticket, dessins etc
  - une organisation par mois de quatre semaine. Chaque mois est représenté par une couleur, divisé en 4 onglets semaine pour une navigation rapide, ludique et motivante

Le pouvoir des défis : Un chemin vers l'épanouissement

Les défis sont comme des petites marches qui nous aident à gravir la montagne de la confiance en soi. Chaque pas, même minuscule, nous rapproche de nos objectifs. C'est pourquoi j'ai créé ce guide, accompagné d'un agenda spécial "défis" d'un mois, pour permettre de tester cette méthode pas à pas.

Votre enfant découvrira qu'affronter des petits défis quotidiens ou hebdomadaires peut transformer sa vie de manière étonnante ! Ces défis peuvent concerner différents aspects de sa vie :

- Ses relations avec les autres (oser parler à un nouveau camarade).
- Son bien-être personnel (pratiquer la respiration calme).
- Ses passions (apprendre trois accords de guitare).
- Ses études (réviser 15 minutes chaque jour).
- Son organisation (ranger mon bureau chaque soir).
- Sa créativité (dessiner un petit moment de ma journée).

Pour ceux qui, comme votre enfant, découvrent que ces petits défis changent leur quotidien, **je propose également un agenda complet sur 12 mois**; "je suis Unique" avec toutes les activités présentent dans le guide confiance.. L'agenda est **sans date imposée**, libre d'être utiliser quand il le souhaite en continuité ou non. **Il lui permettra d'aller plus loin dans ses objectifs**, avec des défis plus élaborés et un suivi sur le long terme. **Un journal de bord tout en un.** Sa disposition unique en fait un compagnon **ludique, facile et interactif.**

Bientôt disponible, vous serez les premiers avertis en vous abonnant à ma fiche auteur qui est ici

Exemples de défis progressifs par thème :

1. Défi "**Confiance Sociale**" (1 mois)

Semaine 1 : Sourire à une personne chaque jour
Semaine 2 : Poser une question ou intervenir en classe chaque jour
Semaine 3 : Proposer son aide à un camarade
Semaine 4 : Participer à une activité de groupe

2. Défi "Gestion des Émotions" (1 mois)

Semaine 1 : Identifier une émotion par jour
Semaine 2 : Noter ce qui déclenche mes émotions fortes
Semaine 3 : tester une technique (annexe) quand je suis stressé
Semaine 4 : Partager mes émotions avec quelqu'un de confiance

3. Défi "Organisation" (2 mois)

Mois 1:
Semaine 1 : Ranger mon cartable chaque soir
Semaine 2 : Préparer mes affaires la veille
Semaine 3 : Noter mes devoirs dans mon agenda et valider
Semaine 4 : Créer un planning de révision simple

Mois 2 :

Semaine 1 : Ranger mon bureau une fois par semaine
Semaine 2 : Trier mes cahiers et classeurs
Semaine 3 : Organiser mon espace de travail
Semaine 4 : Maintenir mon organisation toute la semaine

4. Défi **"Bien-être"** (1 mois)

Semaine 1 : Boire de l'eau régulièrement
Semaine 2 : Faire 10 minutes d'exercice par jour
Semaine 3 : Se coucher à heure fixe
Semaine 4 : Prendre un moment calme chaque jour

5. Défi **"Créativité"** (1 mois)

Semaine 1 : Dessiner un petit croquis par jour
Semaine 2 : Écrire trois lignes dans son journal
Semaine 3 : Créer quelque chose avec ses mains
Semaine 4 : Inventer une petite histoire

6. Défi "Digital Détox" (1 mois) (à adapter selon le type d'utilisation)

Semaine 1 : Pas d'écran pendant les repas
Semaine 2 : Remplacer 30 min d'écran par une activité
Semaine 3 : Une soirée sans écran
Semaine 4 : Un week-end avec temps d'écran limité

7. Défi "Lecture Plaisir" (2 mois)

Mois 1 :
Semaine 1 : Choisir un livre qui me plaît
Semaine 2 : Lire 10 minutes avant de dormir
Semaine 3 : Dessiner mon personnage préféré
Semaine 4 : Raconter l'histoire à quelqu'un

Mois 2 :

Semaine 1 : Échanger un livre avec un ami
Semaine 2 : Choisir un carnet lecture et le décorer
Semaine 3 : Commencer à remplir mon carnet
Semaine 4 : Créer une critique du livre

<u>Chaque semaine est composée :</u>
D'un espace pour valider son défi sur 6 jours
D'un espace pour noter chaque jour un recueil de la journée en rapport aux défis et ou des événements.
L'humeur associée pour un suivi de son moral et bien être
Un espace pour y inscrire la phrase inspirante de la semaine
Un espace de recueil des souvenirs et de projections pour la semaine d'après.

Thème 7: Messages du cœur

Objectif : remercier, demander pardon, partager, offrir, encourager.

1. Cartes à partager
- Messages de gratitude.
- Demandes de pardon.
- Encouragements.

2. **Activité bonus** annexe : Calendrier des bonnes actions
-possibilité d'un Journal des retours positifs

Et pour finir en beauté ces petits messages express, qui permettent de s'exprimer sans contraintes de temps, de timidité ni de flemme ! Rapidement coloriés, ils offrent un espace créatif où l'on peut déposer ses pensées et ses émotions. Ces notes peuvent être utilisées pour remercier un ami d'avoir été présent, pour faire une petite attention-cadeau à ses parents ou grands-parents, pour faire sourire la maîtresse, ou encore pour donner du courage à un copain. L'idée de s'exprimer à l'écrit sans nécessairement devoir signer est un premier pas vers la libre expression, une manière ludique et accessible d'apprendre à communiquer ses sentiments et ses intentions. Ces gestes simples favorisent les liens et encouragent une culture d'empathie et de bienveillance.

J'espère que ce livre vous sera précieux et que "guide confiance en soi", ou la full version "je suis Unique" accompagneront votre enfant pour grandir en âge et en sagesse

Vous savez à quel point votre avis est important, mille mercis à vous de laisser un commentaire sur la fiche produit de vos ouvrages. Ici pour le guide de confiance

ANNEXE

Thème 1 : L'Étoile des Talents

L'objectif de cette activité est d'aider votre enfant à identifier et visualiser ses talents, ses forces et les domaines où il peut progresser. Elle est simple, valorisante et permet de passer un moment positif et constructif ensemble.

Matériel nécessaire

1. Une étoile vierge (voir exemple ci-dessous).
2. Une liste de qualités et talents fréquents à cet âge (voir le tableau fourni).
3. Quelques stylos ou crayons de couleur.

speech

Petit speech pour introduire l'activité "On va faire une activité amusante et spéciale pour découvrir quelques-unes de tes qualités et talents. Parfois, on n'a pas toujours conscience de tout ce qu'on fait bien ou de tout ce qu'on a en nous. Cette étoile des talents va nous aider à voir où tu es super fort et où tu pourrais encore progresser. Le but, c'est de te montrer que tu es unique et plein de ressources. Et surtout, on va passer un bon moment ensemble !"

Mise en oeuvre

Préparer l'étoile
Une étoile vierge est un diagramme en étoile où **chaque branche représente une qualité** ou un **talent**. Les branches ne sont pas encore nommées pour laisser votre enfant libre de choisir.

Choisir les talents ou qualités
Donnez à votre enfant une **liste de talents et qualités possibles**.

Laissez-le choisir ceux qui lui parlent le plus ou qu'il pense avoir, et notez-les sur les branches de l'étoile. Voici un exemple de tableau à lui proposer :

Talents ou qualités proposées	Cases vides pour ses idées
Créatif	
Curieux	
Bon ami	
Responsable	
Organisé	
Empathique	
Courageux	
Débrouillard	

Remplir l'étoile
Pour chaque talent ou qualité choisie, il attribue une note de 1 à 5 selon à quel point il se sent confiant dans ce domaine (5 étant "super fort", et 1 "en progression").

Compléter et colorier l'étoile
Tracez les scores sur l'étoile et reliez les points pour former un diagramme. Coloriez l'étoile pour un rendu visuel et joyeux.

Discussion et valorisation
Prenez un moment pour discuter :
Ses forces : Mettez en valeur les domaines où il s'est donné des scores élevés. Félicitez-le et partagez un exemple où vous avez vu ce talent à l'œuvre.
Ses axes d'amélioration : Si une branche est moins remplie, expliquez que c'est normal et que tout le monde a des choses à apprendre. Proposez-lui de s'amuser à travailler ce talent.

Intérêt pour les parents et l'enfant

Pour l'enfant :

- Prendre conscience de ses points forts.
- Se sentir valorisé et encouragé.
- Visualiser ses compétences de manière claire et motivante.

Pour les parents :

- Mieux comprendre les points de fierté et les envies de l'enfant.
- Créer une discussion positive autour des forces et des axes de progrès.

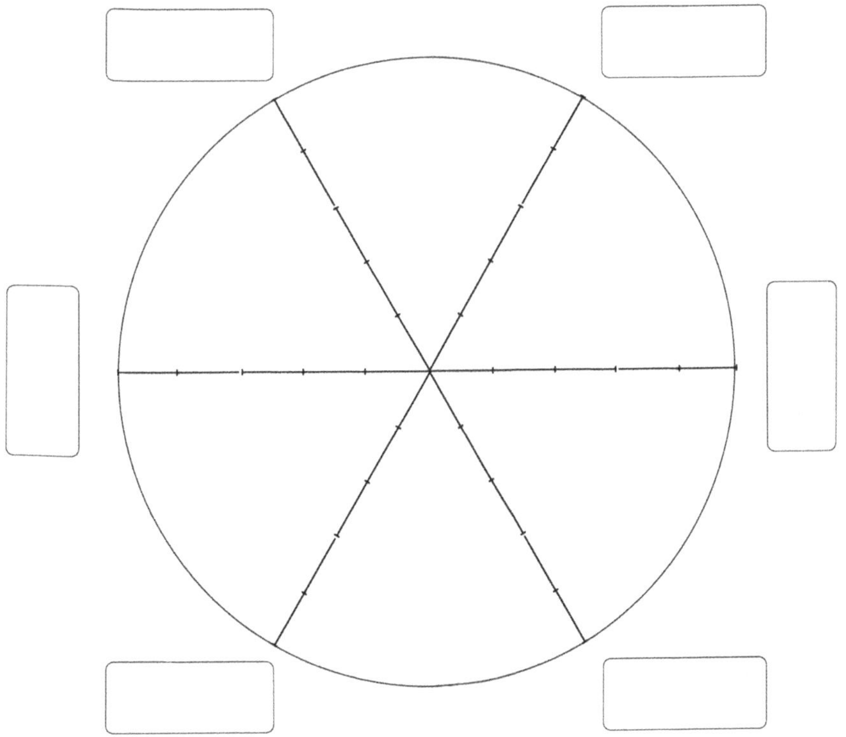

Thème 1 : Arbre des qualités 

C'est une représentation symbolique d'un arbre où :
- Chaque feuille de l'arbre porte une qualité ou un talent que la personne possède.
- Ces qualités sont identifiées par des témoignages : soit les autres expriment ce qu'ils apprécient chez la personne (témoignages positifs), soit la personne elle-même réfléchit à ses forces.

Matériel nécessaire

- Un dessin d'arbre vierge .
- Des feuilles en papier découpées ou dessinées.
- Stylos, feutres ou crayons.

Comment fonctionne cette activité ?

Parlez des qualités avec l'enfant (Qu'est-ce qu'une qualité ? Comment peut-on les reconnaître chez soi ou chez les autres ?).

1. Dessiner ou utiliser un modèle d'arbre vierge :
- L'arbre peut être réaliste ou symbolique, avec des branches et des feuilles vides à compléter.

2. Écrire des témoignages sur les feuilles :
- Si l'activité est collective (famille, classe, groupe d'amis) : Chaque participant note une qualité ou une force de la personne au centre du projet sur une feuille.
- Si l'activité est personnelle : La personne réfléchit à ses propres

forces ou demande à ses proches de contribuer.

3. Compléter l'arbre :
- Les feuilles sont accrochées à l'arbre ou directement remplies sur le dessin, jusqu'à ce que l'arbre soit riche de qualités et de forces.

4. Débriefing :
- Lisez les qualités ensemble pour que l'enfant prenne conscience de sa richesse intérieure.
- Gardez l'arbre dans un endroit visible pour lui rappeler ses forces au quotidien.

Intérêt de l'Arbre des Qualités

Pour l'enfant :
- Visualiser toutes ses qualités de manière concrète.
- Renforcer sa confiance en soi grâce à des retours positifs.
- Prendre conscience de ses forces en les lisant de manière collective.

2. Pour le groupe (famille, classe, amis) :
- Encourager la bienveillance et les interactions positives.
- Renforcer les liens en mettant en lumière des qualités qu'on ne prend pas toujours le temps de dire.

Thème 1 : Techniques pour gestion des émotions

Voici quelques techniques de gestion émotionnelle adaptées aux préados :

1. Identification des émotions : Aider les préados à reconnaître et nommer leurs émotions. Utiliser des graphiques ou des cartes d'émotions peut être utile.

2. Journal émotionnel : Encourager les préados à tenir un journal où ils peuvent écrire sur leurs émotions et les événements qui les déclenchent.

3. Respiration profonde : Enseigner des techniques de respiration pour aider à apaiser l'anxiété. Par exemple, la respiration en 4-7-8 (inspirer pendant 4 secondes, retenir pendant 7 secondes, expirer pendant 8 secondes).

4. Techniques de relaxation : Pratiquer des exercices de relaxation, comme la méditation ou le yoga, pour aider à gérer le stress.

5. Expression créative : Encourager l'expression des émotions à travers l'art, la musique ou l'écriture.

6. Mise en place de routines : Créer des routines quotidiennes pour apporter une structure, ce qui peut aider à réduire l'anxiété.

7. Jeux de rôle : Utiliser des jeux de rôle pour pratiquer des situations sociales et apprendre comment gérer les émotions dans ces contextes.

8. Discussion ouverte : Favoriser un environnement où les préados se sentent à l'aise de parler de leurs émotions et de leurs préoccupations.

9. Modèles de comportement : Montrer des exemples de gestion émotionnelle positive à travers des histoires ou des films.

10. Activités physiques : Encourager l'exercice régulier, qui est un excellent moyen de gérer le stress et les émotions.

Ces techniques peuvent aider les préados à développer des compétences en gestion des émotions qui leur serviront tout au long de leur vie.

Thème 2 : La Boîte à Rêves BONUS

Créer un espace chaleureux pour que votre préado puisse exprimer ses rêves et aspirations, tout en renforçant vos liens familiaux.

Matériel nécessaire

- Une jolie boîte (en carton, en bois, ou ce que vous avez sous la main).
- Des feuilles de papier colorées.
- Crayons, feutres, ciseaux, colle.
- Autres éléments décoratifs (autocollants, magazines pour découpage, etc.).

Comment fonctionne cette activité ?

Parlez ensemble de ce qu'est une "boîte à rêves". Expliquez que c'est un endroit spécial pour partager des pensées et des désirs sans aucune pression.

Personnalisation de la boîte : Invitez votre préado à décorer la boîte à sa façon. Laissez libre cours à sa créativité avec des dessins et des mots qui lui tiennent à cœur.

- Écriture des rêves : Encouragez-le à écrire ou dessiner ses rêves et aspirations sur les feuilles. Rappelez-lui qu'il peut être aussi créatif qu'il le souhaite !

- Remplissage de la boîte : Une fois les rêves écrits, il peut les plier et les mettre dans la boîte. Il peut aussi y ajouter des petits objets qui symbolisent ses rêves.

- Partage : Organisez un moment calme où chacun peut partager un ou plusieurs de ses rêves. Faites-le dans une ambiance détendue, sans pression.

Intérêt de la boite à rêves

-Expression des émotions: Cela aide votre préado à mettre des mots sur ses sentiments et ses aspirations, ce qui est essentiel à cet âge.

-Renforcement des liens : Cette activité favorise la communication et le partage, renforçant ainsi votre relation.

-Confiance en soi : En exprimant ses rêves, votre enfant développe sa confiance et sa capacité à se projeter dans l'avenir.

-Réflexion personnelle : Cela lui permet de réfléchir à ce qui est vraiment important pour lui.

Votre Rôle en Tant que Parent

Motivez votre préado à remplir la boîte et à s'exprimer sans jugement. Montrez-lui que chaque rêve compte !
Soyez attentif lors du partage des rêves. Montrez-lui que vous prenez ses aspirations au sérieux.
Si votre enfant rencontre des blocages, posez-lui des questions ouvertes pour l'encourager à réfléchir. Par exemple : "Qu'est-ce qui te rend heureux ?" ou "Si tu pouvais faire n'importe quoi, que choisirais-tu ?"
Assurez-vous que la boîte et les discussions autour d'elle restent un espace sécurisant et sans critique.

Thème 2 : Souvenirs positifs

Créer un espace où les enfants peuvent partager et célébrer les moments heureux, favorisant ainsi un état d'esprit positif et une meilleure gestion des émotions.

Matériel nécessaire

Son livre
Des crayons
Des autocollants ou des images à découper.

Comment fonctionne cette activité ?

Expliquez à votre enfant ce qu'est "La collection des sourires". Dites-lui que c'est un moyen de se souvenir des moments joyeux et des choses qui le font sourire. Dans son carnet il peut noter ses plus grands (et même petits!) souvenirs positifs de l'année.

Laissez votre enfant personnaliser son carnet avec des dessins, des couleurs et des décorations.

Encouragez-le à écrire ou dessiner des moments qui l'ont fait sourire, que ce soit des événements, des blagues, des souvenirs ou des choses qu'il aime. En effet en leur rappelant, ils le feront bientôt d'eux même.

Organisez des moments réguliers pour partager ces souvenirs ensemble. Cela peut être une belle occasion de discuter des émotions positives.

Intérêt

Renforcement de la positivité : Aide à développer une attitude positive en se concentrant sur les moments heureux.

Expression des émotions : Permet aux enfants d'exprimer et de partager leurs sentiments joyeux.

Création de souvenirs : Crée un recueil de souvenirs heureux qui peut être revisité à tout moment.

Votre Rôle en Tant que Parent

Encouragement : Motivez votre enfant à explorer ses idées sans limites. Soulignez que tous les rêves sont valables.

Écoute active : Soyez attentif lors du partage de sa vision. Posez des questions pour approfondir sa réflexion.

Modélisation : Si votre préado exprime des doutes ou des blocages, rassurez-le et aidez-le à explorer ses passions et ses intérêts.

Thème 2 : Une journée dans ma vie future

C'est exercice de projection personnelle qui permet aux préados d'imaginer leur quotidien futur. Contrairement à un vision board, qui se concentre sur des images et des objectifs globaux, cette activité invite les enfants à décrire une journée précise dans leur vie future, en se concentrant sur les détails de leur routine et de leurs interactions.

Matériel nécessaire

- Feuilles de papier ou un carnet
- Stylos, crayons de couleur ou feutres
- Accès à des magazines (pour des collages)
- Ciseaux et colle (si utilisation de magazines)

Comment fonctionne cette activité ?

1. Introduction : Expliquer l'objectif de l'activité. Insister sur le fait qu'il s'agit de décrire une journée spécifique et non de créer un collage d'objectifs.
2. Écriture : Demander aux préados d'écrire une description détaillée d'une journée typique dans leur vie future. Ils doivent inclure des éléments comme :
   - Leurs activités matinales (réveil, petit-déjeuner)
   - Leur lieu de travail ou d'études
   - Les personnes avec qui ils interagissent (amis, famille)
   - Leurs loisirs et activités après le travail/école
3. Discussion : Inviter les enfants à partager leurs écrits en petits groupes. Cela favorise l'écoute active et l'échange d'idées. (Cela peut être proposer lors d'une invitation d'un ami!

Intérêt

Concentration sur le Quotidien : Les préados apprennent à se projeter dans des situations concrètes plutôt que dans des ambitions vagues.

Développement de l'Imagination : En décrivant des détails spécifiques, ils stimulent leur créativité.

Compétences en Écriture : L'activité leur permet de pratiquer l'écriture descriptive et narrative.

Préparation au Vision Board : Cette activité sert de base pour le vision board, en aidant les enfants à identifier des éléments clés qu'ils pourront ensuite illustrer visuellement.

En proposant "Une journée dans ma vie future" **avant le vision board, les préados peuvent enrichir leur réflexion et mieux cibler les éléments qu'ils souhaitent représenter visuellement.**

Thème 2 : Calendrier des Moments Partagés BONUS

Le Calendrier des moments partagés est un outil qui permet de planifier et de visualiser les activités familiales, les événements spéciaux et les moments de qualité passés ensemble. Cela aide à créer des souvenirs significatifs et à renforcer les relations au sein de la famille.

Matériel nécessaire

- Un Grand Calendrier : Un calendrier mural, un tableau blanc ou même un document numérique partagé.
- Marqueurs de Couleurs : Pour écrire et colorer les activités.
- Autocollants ou Images : Pour rendre le calendrier plus visuel et attractif.

Comment fonctionne cette activité ?

Choix du Support :

- Décidez ensemble du type de calendrier que vous souhaitez utiliser (papier ou numérique). Un calendrier mural peut être plus visuel, tandis qu'un calendrier numérique peut être facilement mis à jour.

Discussion sur les Activités :

- Asseyez-vous avec votre préado et discutez des activités que vous aimeriez faire ensemble. Posez des questions comme :
    - "Quels sont les moments que tu as le plus appréciés récemment ?"
    - "Y a-t-il des activités que tu aimerais essayer ?"
- Encouragez-le à partager ses idées et ses préférences.

Planification des Activités :

- Une fois que vous avez une liste d'activités, commencez à les inscrire dans le calendrier. Cela peut inclure :
    - Des sorties en famille (cinéma, pique-nique,

  - Des sorties en famille (cinéma, pique-nique, randonnée).
  - Des soirées jeux ou des activités à la maison.
  - Des événements spéciaux (anniversaires, vacances).
- Utilisez des couleurs différentes pour chaque membre de la famille afin de visualiser facilement qui participe à quoi.

Ajout de Moments Spontanés :

- Laissez de l'espace dans le calendrier pour des moments spontanés. Cela peut être une sortie imprévue ou une activité improvisée qui se présente.

Affichage du Calendrier :

- Placez le calendrier dans un endroit visible de la maison, comme la cuisine ou le salon, pour que tout le monde puisse le consulter facilement.

Suivi et Réflexion

- **Revue Mensuelle** : Prenez le temps chaque mois de revoir le calendrier ensemble. Discutez des moments que vous avez partagés et des nouvelles activités à ajouter.
- **Évaluation des Activités** : Encouragez votre préado à partager ce qu'il a aimé ou ce qu'il aimerait changer pour les prochaines activités

Votre Rôle en Tant que Parent

Le Calendrier des moments partagés est une merveilleuse façon de créer des souvenirs en famille tout en renforçant les liens. Cela permet à votre préado de se sentir valorisé et impliqué dans la dynamique familiale. En tant que parent, votre engagement et votre enthousiasme pour ces moments partagés sont essentiels pour encourager votre enfant à s'investir dans la famille.

Thème 2 : Célébrer des souvenirs positifs

Récolter les moments joyeux et célébrer les réussites sont des pratiques essentielles pour le bien-être de votre préado. En les encourageant à reconnaître leurs succès et à apprécier les moments heureux, vous les aidez à développer une mentalité positive et à renforcer leur confiance en eux. Votre soutien et votre engagement dans ces démarches sont inestimables pour leur épanouissement.

Célébrer les réussites, même les petites, aide votre enfant à prendre conscience de ses capacités et à renforcer sa confiance en lui.

La reconnaissance des efforts et des succès motive votre préado à continuer de s'investir et à viser de nouveaux objectifs. Et c'est ce qu'il faut pour qu'il devienne un ado déterminé!

Exemples de Célébration

Voici quelques idées de célébrations adaptées à votre préado :

Organiser une Soirée Spéciale :

Préparez un dîner ou un goûter spécial pour célébrer une réussite, comme un examen réussi ou un projet terminé.

Créer un Certificat de Réussite :

Fabriquez ensemble un certificat ou un diplôme pour reconnaître une réussite, qu'il pourra afficher dans sa chambre.

Journée de Loisirs :

Offrez-lui une journée dédiée à ses activités préférées, comme aller au cinéma, jouer à des jeux vidéo, ou faire du sport.

Partage avec les Amis :

Invitez quelques amis pour une petite fête ou un goûter afin de partager sa réussite avec ceux qui lui sont chers.

Thème 4 : Explication fiche d'identité des peurs

Il me semble réellement nécessaire de vous expliquer en détails l'importance de votre posture de phare dans cet exercice. Cette émotion, bien qu'universelle, est l'une des principales responsables de l'érosion de la confiance en soi. J'ai créé un petit rituel ludique et symbolique pour aider votre enfant à apprivoiser ses peurs. Ce n'est pas seulement un jeu : c'est une manière douce et puissante de l'accompagner dans son développement émotionnel. Laissez-moi vous expliquer pourquoi ce rituel fonctionne et comment vous pouvez, en tant que parents, l'encadrer avec bienveillance.

1. **Donner un visage à la peur :** première étape pour mieux la gérer
Les peurs, à l'âge de votre enfant, peuvent parfois sembler immenses et difficiles à exprimer. En donnant un nom à sa peur et en la dessinant, il apprend à la rendre plus concrète. C'est un peu comme dire : "Je te vois, et maintenant je peux mieux te comprendre."
Ce geste tout simple permet à votre enfant de sortir la peur de son esprit et de l'observer de l'extérieur. Résultat : elle lui paraîtra souvent moins effrayante, et il se sentira plus fort face à elle. *Je m'appuie sur Michael White et David Epston, pionniers de la narrative therapy, qui ont démontré que donner une identité à une peur ou à une émotion (comme un nom ou une métaphore) aide à la distancier du soi. Cela permet de mieux gérer l'émotion en la percevant comme externe au « moi ».*

2. **Faire grandir la confiance en soi grâce à des mots et des gestes puissants**
Lorsqu'**il prononce des phrases** comme :

- "Moi, (prénom), magicien de ma vie, je décide de ce qui est bon pour moi."
- "Toi, (nom de la peur), merci d'être venue, mais maintenant je te demande de rentrer chez toi."

il ne fait pas que parler : il s'affirme. Ces mots sont des affirmations positives, une façon de se rappeler qu'il a le pouvoir de décider comment il se sent.
En effet, les travaux de Andrew Newberg (neuroscientifique) montrent que les affirmations positives activent le cortex préfrontal et réduisent l'activité de l'amygdale (centre de la peur), favorisant une réponse émotionnelle plus calme et proactive.

Ajoutons à cela les gestes : bomber le torse, lever les poings, sauter de joie. Ces postures et mouvements envoient un signal direct au cerveau : "Je suis capable, je suis fort, je suis en contrôle." Même si cela semble simple ou amusant, c'est une manière très efficace de lui donner un vrai boost de confiance en lui. *J'ai associé les études d'Antonio Damasio (neuroscientifique) : Dans son ouvrage L'erreur de Descartes, où il explique comment les émotions et les gestes sont liés. Les actions corporelles peuvent influencer le cerveau pour réorganiser les schémas émotionnels; et celle de Amy Cuddy : Sa célèbre étude sur les "power poses" (postures de pouvoir) montre que des postures ouvertes et victorieuses (comme bomber le torse, lever les poings) augmentent la confiance en soi, réduisent le cortisol (hormone du stress) et renforcent l'état d'esprit positif.*

3. **Le rituel, un acte symbolique pour tourner la page**
Le rituel de découper la fiche, de la plier, de la placer dans un bocal avec du gros sel, et de la confier à vous, les parents, a une forte valeur symbolique :
En pliant et enfermant sa peur, il fait un geste clair de "maîtrise" : il a pris le dessus.
Le sel est un élément souvent utilisé pour symboliser la purification ou la protection, ce qui renforce l'idée que la peur est neutralisée.
En vous confiant le bocal, il sent que vous êtes là pour veiller et le soutenir.
Trois jours après, quand vous jetez discrètement le contenu, c'est

comme un dernier adieu à la peur. Cela donne à l'enfant un repère clair pour dire : “C'est terminé, je suis passé à autre chose”.
Philippe Fossati, psychiatre et neuroscientifique en France, a étudié *le rôle de l'amygdale (pas celles dans la gorge!!) et de l'hippocampe dans les réactions de peur et d'anxiété. Il confirme que des pratiques aidant à replacer une peur dans un contexte contrôlé comme des rituels symboliques ou des techniques d'exposition guidée, aident à désactiver la réponse automatique de peur excessive.*

4. **Pourquoi cela marche si bien avec des enfants de cet âge ?**
Ils ont une imagination débordante : Les enfants vivent beaucoup dans l'univers du jeu et du symbolique. Faire de leur peur une histoire qu'ils peuvent transformer leur parle instinctivement.
Ils ont besoin de gestes concrets : Ce genre d'activité, où on agit physiquement en plus de parler, aide à ancrer les émotions.
Ils aiment se sentir acteurs de leur vie : Ce rituel leur donne un rôle actif tout en leur offrant votre soutien en arrière-plan, un équilibre parfait.

Comment jouer votre rôle de parent dans ce rituel ?

Encouragez-le dans son initiative : Laissez votre enfant exprimer sa peur librement, même si son dessin ou son nom vous paraît drôle ou anodin. **Son ressenti est ce qui compte.**
Prenez le rituel au sérieux : **Recevez le bocal avec respect** et placez-le où il vous demande (balcon, jardin, etc.). Cela montre à votre enfant que vous validez ses efforts et que vous le soutenez.
Célébrez avec lui : Félicitez-le d'avoir fait preuve de courage et de créativité. **Ce genre de reconnaissance de votre part est précieux pour son estime de lui.**
Ce rituel n'est pas seulement une manière de se libérer d'une peur. Il aide votre enfant à comprendre qu'il est capable de gérer ses émotions, qu'il a le droit de les ressentir et qu'il peut compter sur vous pour l'accompagner. Cela pose des bases solides pour sa confiance en lui et son bien-être à long terme.

Thème 4 : La Boîte à Courage

La "boîte à courage" est une merveilleuse initiative pour l'aider à développer sa confiance en lui et à faire face à ses peurs.
La boîte à courage est un espace personnel où votre enfant peut rassembler des objets, des notes ou des souvenirs qui lui rappellent sa force intérieure et ses réussites. C'est un peu comme un coffre au trésor rempli de ressources émotionnelles.

Pourquoi est-ce important ?

Renforcement de la Confiance en Soi :

- En rassemblant des éléments qui symbolisent ses réussites passées, votre préado apprend à se souvenir de ses capacités. Cela lui rappelle qu'il a déjà surmonté des défis et qu'il peut le faire à nouveau.

Gestion des Peurs :

- Lorsque votre enfant se sent anxieux ou confronté à une situation difficile, il peut ouvrir sa boîte à courage pour trouver du réconfort et de l'inspiration. Les objets ou les messages qu'il y a placés peuvent agir comme des rappels puissants de sa force et de son courage.

Expression Émotionnelle :

- Créer une boîte à courage permet à votre préado d'exprimer ses émotions. Il peut inclure des dessins, des lettres ou des mots qui représentent ce qu'il ressent. Cela l'aide à mettre des mots sur ses émotions et à les comprendre.

Encouragement à l'Autonomie :

- En constituant cette boîte, votre enfant apprend à prendre des initiatives pour gérer ses émotions. Cela lui donne un sentiment de contrôle sur sa vie et ses réactions face aux défis.

Comment fonctionne cette activité ?

Encouragez votre préado à personnaliser sa boîte en y ajoutant des éléments qui lui parlent. Cela peut être :
Des photos de moments heureux.
Des mots d'encouragement écrits par vous ou par lui-même.
Des petits objets qui ont une signification particulière.

Matériel nécessaire

une boite décorée par l'enfant.

Thème 6 : Comment créer un vision board

Un vision board aide à clarifier et à visualiser les objectifs. En voyant régulièrement ses aspirations, votre préado est plus enclin à travailler pour les atteindre. Les images et les mots choisis peuvent inspirer et motiver votre enfant à poursuivre ses rêves. Il est avant l'agenda pour pouvoir le consulter le plus souvent possible et en trouver l'inspiration pour ses défis mensuels afin de progresser vers ses rêves!

Matériel nécessaire

- **Son livre,** Un tableau en liège, une grande feuille de papier ou même un poster.
- **Magazines :** Des magazines variés pour découper des images et des mots.
- **Ciseaux et Colle :** Pour assembler le collage.
- **Stylos et crayons de couleur:** Pour ajouter des écrits ou des dessins personnels.

Comment fonctionne cette activité ?

Réflexion

- Consulté les activités précédentes qui étaient là pour le préparer à celle-ci.
- Il peut le réaliser seul si il le souhaite, mais vous pouvez l'y accompagner si il le désire.
- Parlez de ses activités précédentes et si il ne les a pas faites, discutez de ses rêves et de ses objectifs. Posez-lui des questions comme :

-"Qu'est-ce que tu aimerais accomplir dans les prochaines années ?"

-"Quels sont tes hobbies ou passions ?"

-"Quels endroits aimerais-tu visiter ?"

- Encouragez-le à réfléchir à ce qui le rend heureux et à ce qu'il souhaite réaliser.

Discussion sur les Activités :

- Asseyez-vous avec votre préado et discutez des activités que vous aimeriez faire ensemble. Posez des questions comme :
    - "Quels sont les moments que tu as le plus appréciés récemment ?"
    - "Y a-t-il des activités que tu aimerais essayer ?"
- Encouragez-le à partager ses idées et ses préférences.

Création du Collage :

- Une fois qu'il a rassemblé suffisamment de matériel, invitez-le à disposer les images et les mots sur le tableau ou la feuille. Il peut les organiser comme il le souhaite, sans règles strictes.
- Encouragez-le à ajouter des dessins ou des notes personnelles pour rendre le tableau encore plus significatif.

Affichage

- Afin d'avoir son vision board le plus souvent sous ses yeux, il peut le prendre en photo, le photocopier pour en faire la couverture de son guide de confiance. Ou encore l'accrocher au dessus de son bureau ou sur sa porte. Il peut le faire également directement dans son guide dans l'espace dédié. Quoiqu'il fasse, il est bien de le garder près de lui dans son guide (pourquoi pas plastifié comme un marque page)

Créer un vision board est une belle manière pour votre préado de se projeter dans l'avenir tout en stimulant sa créativité. Cela peut renforcer sa motivation et l'aider à clarifier ses désirs. En tant que parent, votre soutien et votre encouragement tout au long de ce processus sont essentiels pour l'aider à croire en ses rêves et à les réaliser. Rassurez-vous, il deviendra très vite autonome dans son processus et demandera de moins en moins votre présence.

Thème 7 : Calendrier des Bonnes Actions

Le calendrier des bonnes actions est un outil ludique et engageant qui encourage les enfants à pratiquer la gentillesse et à réaliser des actions positives au quotidien. Voici comment il fonctionne et pourquoi il est bénéfique :

Qu'est-ce que c'est ?

- Structure : Chaque jour du mois, un espace est dédié à une bonne action que l'enfant peut accomplir. Cela peut aller d'un simple geste de gentillesse à une action plus significative.
- Variété : Les actions peuvent inclure des choses comme aider un ami, complimenter quelqu'un, ou même faire un acte de bénévolat.

Pourquoi est-ce important ?

- Cultiver la Gentillesse : En réalisant régulièrement des bonnes actions, les enfants apprennent l'importance de la gentillesse et de l'empathie.
- Renforcement Positif : Chaque action accomplie peut être notée, ce qui crée un sentiment d'accomplissement et de satisfaction.
- Création de Liens : Ces gestes renforcent les relations avec les autres, favorisant un environnement positif à l'école et à la maison.

Développement Personnel : Cela aide les enfants à développer leur confiance en eux et à se sentir mieux dans leur peau.

Exemples de Bonnes Actions

- **Aider un ami :** Proposer son aide pour faire ses devoirs ou pour un projet.
- **Complimenter quelqu'un** : Dire quelque chose de gentil à un camarade ou à un membre de la famille.

- **Faire un dessin** : Créer un dessin pour une personne spéciale pour lui remonter le moral.
- **Ramasser des déchets** : Participer à un nettoyage dans le parc ou dans le quartier.
- **Écrire une lettre** : Écrire une lettre de remerciement à un enseignant ou à un parent.
- **Partager un jouet** : Offrir un de ses jouets à un enfant qui en a besoin.
- **Faire un câlin** : Offrir un câlin à un membre de la famille pour montrer son affection.
- **Préparer un repas** : Aider à préparer le dîner ou à mettre la table.
- **Écouter quelqu'un** : Prendre le temps d'écouter un ami qui a besoin de parler.
- **Apporter des petits gâteaux** : Faire des biscuits et les partager avec des voisins ou des amis.

Ces actions simples mais significatives peuvent aider votre enfant à développer des habitudes de gentillesse et d'empathie. Encouragez-le à choisir des actions qui lui tiennent à cœur pour rendre l'expérience encore plus enrichissante !
J'ai par ailleurs développé un livre de message pour noël et les fêtes que vous pouvez trouver là:

https://www.amazon.fr/dp/2959650212 - Coloriages HYGGE et COZY de Noël et des fêtes

Reférences

Références scientifiques et Académiques

1. BOWLBY, John (1988)
2. "A Secure Base: Parent-Child Attachment and Healthy Human Development"
3. Basic Books, New York
4. Théorie de l'attachement et développement émotionnel
5. JENSEN, Frances E. & NUTT, Amy Ellis (2015)
6. "The Teenage Brain: A Neuroscientist's Survival Guide to Raising Adolescents and Young Adults"
7. Harper Collins
8. Bases neurologiques du développement préadolescent
9. GINOTT, Haim G. (2003)
10. "Between Parent and Child: The Bestselling Classic That Revolutionized Parent-Child Communication"
11. Three Rivers Press
12. Communication positive et dialogue parent-enfant
13. GOLEMAN, Daniel (2006)
14. "L'Intelligence Émotionnelle"
15. J'ai Lu
16. Développement des compétences émotionnelles
17. ERIKSON, Erik H.
18. "Identity: Youth and Crisis"
19. W. W. Norton & Company
20. Théorie du développement psychosocial

Ouvrage de référence pour les parents

**FABER, Adele & MAZLISH, Elaine
"Parler pour que les enfants écoutent, écouter pour que les enfants parlent"
Techniques de communication parent-enfant
**SIEGEL, Daniel J. & BRYSON, Tina Payne
"Le Cerveau de votre ado"
Les Arènes
Compréhension neurologique de l'adolescence

Études et Recherches Citées

AINSWORTH, Mary (1978)
"Patterns of Attachment: A Psychological Study of the Strange Situation"
Études sur les styles d'attachement
MASLOW, Abraham
"A Theory of Human Motivation"
Psychological Review
Hiérarchie des besoins adaptée aux adolescents

Ressources Pratiques

ASSOCIATION FRANÇAISE DE PÉDIATRIE
"Guide du développement de l'enfant et de l'adolescent"
Repères développementaux
OBSERVATOIRE DE LA PARENTALITÉ
"Études sur les relations parents-adolescents"
Données statistiques et tendances actuelles

Ressources en Ligne Recommandées

YAPAKA.BE
Programme de prévention de la maltraitance
Articles et outils gratuits pour les parents

FILLIOZAT, Isabelle
Site officiel et ressources en parentalité positive
Outils pratiques et articles

Références des Méthodes et Outils

Méthode PEACE
Développée à partir des travaux de :
Thomas Gordon (Parent Effectiveness Training)
Marshall B. Rosenberg (Communication NonViolente)

Technique 3-5-3
Adaptée des travaux sur l'écoute active de Carl Rogers

Notes Méthodologiques

Les outils et exercices présentés dans ce guide sont issus :

- De la synthèse de pratiques professionnelles éprouvées
- D'études de cas documentées
- De recherches en psychologie du développement
- D'approches en thérapie familiale systémique
- De méthodes d'hypnose et d'autohypnose

Lectures Complémentaires Recommandées

Pour approfondir la communication :

- "How to Talk So Teens Will Listen & Listen So Teens Will Talk" - Faber & Mazlish
- "Les mots sont des fenêtres (ou bien ce sont des murs)" - Marshall B. Rosenberg

Pour la gestion des émotions :

- "L'intelligence émotionnelle des enfants" - Daniel Goleman
- "Au cœur des émotions de l'enfant" - Isabelle Filliozat

Remerciements

Ce guide s'appuie sur l'expertise et les contributions de :

- Psychologues spécialisés en développement de l'enfant
- Pédiatres et neurologues
- Éducateurs et enseignants
- Parents ayant partagé leur expérience
- Chercheurs en sciences de l'éducation
- Mes enfants et leur incroyable pouvoir qui me pousse à me surpasser et à m'adapter comme par magie!

Note : Toutes les méthodes et approches présentées dans ce guide ont été sélectionnées pour leur pertinence scientifique et leur applicabilité pratique, validées par des professionnels de l'enfance et de l'adolescence.

creatif.ink.contact@gmail.com

www.ingramcontent.com/pod-product-compliance
Lightning Source LLC
LaVergne TN
LVHW010119170826
845678LV00012B/2502

* 9 7 8 2 9 5 9 6 5 0 2 2 2 *